Herzlichen
GLÜCK
wunsch
zum Ruhestand

arsEdition

Herzlichen Glückwunsch,
du hast es geschafft!

Viele Jahre hast du hart gearbeitet und viel geleistet.
Jetzt kannst du dein Leben endlich in vollen Zügen
genießen, denn du bist im wohlverdienten Ruhestand!
Damit du deine neu gewonnene Zeit in Quality Time
verwandeln kannst, findest du in diesem Buch 33 Ideen,
Impulse und Botschaften für ein glückliches Leben
als Rentner:in.

Öffne

diese Seite,

wenn du dich zurück zur Arbeit wünschst ...

EIN HOCH AUF DIE FREIHEIT!

Das Rentnerleben ist langweilig? Von wegen!
Ausschlafen, spontan in den Urlaub fahren, morgens
der oder die Erste im Freibad sein, im Café sitzen,
während die Jüngeren noch arbeiten müssen,
vergünstigt durch die Weltgeschichte tingeln oder
vormittags die leere Supermarktkasse genießen –
die Liste der Vorteile ist endlos!

Als Rentner oder Rentnerin bist du frei wie ein Vogel ...
Gestalte deinen Tag heute deshalb mal so, wie es früher
nie möglich gewesen wäre.

Öffne

diese Seite,

wenn du große Träume hast ...

ENDLICH IM RUHESTAND!

Jetzt liegt eine ganze Menge freier Zeit vor dir. Doch was willst du mit ihr eigentlich so alles anstellen? Eine Traumcollage kann dir helfen, dir deine Zukunft auszumalen. Nimm dir einen großen Pappkarton und überleg mal: Wie soll dein Zuhause aussehen? Welche Reisen möchtest du unternehmen? Wie möchtest du deine Freizeit gestalten? Schneide passende Fotos, Sprüche oder Wörter aus Zeitschriften oder Katalogen aus und klebe sie auf. Fertig ist deine Traumcollage für die Rente!

Die *Zukunft* gehört denen,
die an die Schönheit ihrer Träume glauben.

ELEANOR ROOSEVELT

Öffne

diese Seite,

wenn du um die Welt reisen möchtest ...

KULINARISCHE REISE UM DIE WELT

Gewohnheiten sind etwas Wunderbares, denn mit ihnen können wir auf Nummer sicher gehen. Beim Lieblings-italiener schmeckt's schließlich einfach am besten. Doch es gibt noch so viel mehr zu entdecken! Tauche deshalb mal in eine Welt aus ganz neuen Düften, Farben und Gewürzen ein und genieße eine Mahlzeit in einem koreanischen, indischen oder äthiopischen Restaurant. Wie viele Länder kannst du auf diese Art und Weise wohl für dich entdecken?

Öffne

diese Seite,

wenn du mal Gesellschaft suchst ...

ZEIT FÜR FREUNDSCHAFT!

Das Schönste an der Arbeit sind meistens die
Kolleginnen und Kollegen. Wenn der tägliche Plausch an
der Kaffeemaschine wegfällt, kann es passieren,
dass man sich ein bisschen einsam fühlt. Glücklicherweise
gibt es unzählige Möglichkeiten, neue Kontakte
zu knüpfen. Über Stammtische, Vereine, Nachbarschafts-
treffs oder Sportkurse kannst du neue Freundschaften
schließen. Außerdem hast du jetzt endlich Zeit, dich wieder
voll und ganz deinen alten Freundschaften zu widmen
und gemeinsam das Leben zu genießen.

Freundschaft, das ist wie Heimat.

KURT TUCHOLSKY

Öffne

diese Seite,

wenn du deine grauen Zellen herausfordern willst ...

JETZT WIRD'S KNIFFLIG!

Alle sprechen davon, auch im Ruhestand fit bleiben
zu wollen. Doch immer nur Sudokus und Kreuzworträtsel
lösen? Das geht auch anders! Lass deine grauen Zellen
eine Party feiern und lade Freunde und Familie zu
einem kniffligen Spieleabend ein oder fordere jemanden
zu einer Puzzle-Challenge heraus. Das geht ganz einfach:
Kauft zwei identische Puzzle und legt los – wer sein
Puzzle zuerst löst, gewinnt!

Öffne

diese Seite,

wenn du die Vernunft mal über Bord werfen willst ...

MIT DEM CAMPER OHNE KONKRETES ZIEL LOSFAHREN ...

Fallschirm springen, als Model über den Laufsteg laufen ...
Hast du auch Träume, für die irgendwie nie der richtige
Zeitpunkt war? Dann gibt es gute Neuigkeiten für dich:
Genau jetzt ist die richtige Zeit gekommen! Es ist nie
zu spät, deine Träume zu leben und einfach mal herrlich
„unvernünftig" zu sein.

Das Leben schrumpft oder dehnt sich aus,
proportional zum *eigenen Mut.*

ANAÏS NIN

Öffne

diese Seite,

wenn du etwas Schwung gebrauchen kannst ...

SCHWING DAS TANZBEIN!

Tanzen macht einfach gute Laune. Es müssen aber
nicht immer nur die klassischen Standardtänze sein.
Du kannst auch mal etwas Neues ausprobieren –
zum Beispiel bei einer Probestunde beim Line Dance oder
Ballett oder bei einem Hip-Hop-Tanzkurs. Natürlich
kannst du dich auch einmal auf eine Ü-50-Party wagen
und mal wieder ausgelassen feiern. Viel Spaß!

Öffne
diese Seite,

wenn du dich vom Ruhestand erholen willst ...

EINFACH MAL ABTAUCHEN!

Natürlich hört auch im Ruhestand der Stress nicht einfach
auf. Es gibt immer noch viel zu tun und zu erledigen. Da
kann man schon mal ins Schwitzen geraten ... Höchste Zeit
für etwas Entspannung! Verbringe einen gemütlichen Tag
in der Therme und lass es dir in der Sauna, im Whirlpool
und vielleicht ja sogar bei einer entspannenden Massage
so richtig gut gehen. Du hast es dir verdient!

Manchmal ist das Wichtigste am ganzen Tag die Pause,
die wir zwischen zwei tiefen Atemzügen machen.

ETTY HILLESUM

Öffne

diese Seite,

wenn du einen Grund zum Feiern brauchst ...

IM RUHESTAND IST EIN TAG WIE DER ANDERE?

Das muss nicht sein!

Das ganze Jahr über gibt es nämlich unzählige kuriose Welttage zu feiern. Damit kannst du jeden langweiligen Tag zu etwas Besonderem machen.

Wie wäre es zum Beispiel hiermit?
30. März: Mache-einen-Spaziergang-im-Park-Tag
7. April: Kuchen-zum-Kaffee-Tag
27. Mai: Welttag des Purzelbaums
19. September: Sprich-wie-ein-Pirat-Tag
5. Oktober: Welt-Seifenblasen-Tag
8. November: Internationaler Tag der Zungenbrecher

Öffne
diese Seite,

wenn du dir eine kleine Oase wünschst ...

SCHAFFE DIR EIN GRÜNES PARADIES!

Es ist wohl ein Klischee, dass man sich im Ruhestand einen
Garten anlegen sollte. Aber es lohnt sich wirklich!
Denn jetzt hast du endlich die Zeit, deinem Garten oder
Balkon deine volle Aufmerksamkeit zu widmen, dich
um deine Pflanzen zu kümmern und vor allem: deine
grüne Oase ausgiebig zu genießen. Mit einem Garten wird
dir einfach nie langweilig! Und falls doch, dann baue doch
mal ein Insektenhotel oder Vogelhäuschen oder versuche,
dein kleines Paradies möglichst naturfreundlich zu gestalten.

Die beste Zeit, einen *Baum* zu pflanzen, war vor
zwanzig Jahren. Die nächstbeste Zeit ist jetzt.

ALEXEI ANDREJEWITSCH ARAKTSCHEJEW

Öffne

diese Seite,

wenn dir nach einem echten Highlight zumute ist ...

TRAU DICH WAS!

Zugegeben – wenn man nicht aufpasst, steckt man im
Ruhestand schnell im gewohnten Alltagstrott fest.
Höchste Zeit also für ein kleines bisschen Nervenkitzel!
Ein Krimidinner mit dem Partner oder der Partnerin,
eine Fahrt mit dem Kettenkarussell auf dem Jahrmarkt, ein
kniffliger Escape-Room mit den Enkelkindern oder für
besonders Mutige ein Gleitschirmflug ... fass dir
ein Herz, denn etwas Nervenkitzel bringt wieder neuen
Schwung ins Leben und hält jung!

Öffne

diese Seite,

wenn du ein bisschen Luxus genießen willst ...

WAFFELN STATT WECKER!

Während bei den Jüngeren morgens der Wecker klingelt, hast du alle Zeit der Welt, den neuen Tag so richtig entspannt anzugehen – zum Beispiel ganz gemütlich allein oder mit deinem Haustier, dem Partner oder der Partnerin bei einem ausgedehnten Frühstück im Bett, inklusive frisch gebrühtem Kaffee oder Tee und leckerem Essen.

Geborgenheit ist freilich ein stärkeres Wort für Glück.

JOHANN WOLFGANG VON GOETHE

Öffne
diese Seite,

wenn du dich austauschen willst ...

SO VIELE BÜCHER UND FILME ...
SO WENIG ZEIT ...

Ha! Das war einmal! Denn jetzt hast du endlich Zeit,
so viele Bücher zu lesen und Filme anzuschauen, wie dein
Herz begehrt. Und weil das gemeinsam gleich viel
schöner ist, kannst du mit deinen Freunden, ehemaligen
Kolleginnen oder Nachbarn einen Buch- oder Filmklub
gründen. Gemeinsam wählt ihr dann einen Film oder
ein Buch aus und besprecht anschließend, wie es euch
gefallen hat.

Öffne
diese Seite,

wenn du dein Wissen teilen möchtest ...

DU HAST ES ECHT DRAUF!

Du bist nun in deinen besten Jahren und hast einen reichen
Schatz an Fähigkeiten und Erfahrungen sammeln können.
Das ist Gold wert – und zwar nicht nur für dich, sondern
auch für andere. Wenn du möchtest, kannst du dein Wissen
zum Beispiel als Stadtführer, als Mentorin für jüngere
Menschen oder als Sport- oder Sprachlehrer an andere
weitergeben. Es gibt viele Möglichkeiten.
Überleg also mal: Was kannst du besonders gut?

Öffne

diese Seite,

wenn du es dir gemütlich machen willst ...

DIE BEQUEMSTE REISE DER WELT

Das Reisen ist eigentlich immer eine bereichernde Erfahrung, doch es kostet auch viel Geld, Energie und Nerven. In Zeiten des Internets kannst du die Welt glücklicherweise auch bereisen, ohne dein gemütliches Zuhause verlassen zu müssen. Unternimm einen Streifzug durch Rom, erklimme Machu Picchu oder streife durch ein Museum ... Im Internet kannst du unzählige Orte auch virtuell erkunden. Und wer weiß – vielleicht entwickelst du dabei ja einen Reiseplan, den du dann auch in der Realität umsetzen wirst.

Wenn du Märchenaugen hast,
ist die Welt voll *Wunder*.

VICTOR BLÜTHGEN

Öffne

diese Seite,

wenn du Raum für Neues schaffen willst ...

LOSLASSEN MACHT GLÜCKLICH

Ausmisten? Zugegeben, das klingt erst mal nach
wenig Spaß. Doch für dich beginnt nun ein neuer Lebensabschnitt. Da gibt es sicher einiges, was du loslassen
möchtest. Nimm dir also Zeit und miste mal so richtig aus.
Bleiben darf nur, was du wirklich brauchst, magst oder
was nützlich ist. Alles andere kannst du verschenken,
recyceln oder auf dem Flohmarkt verkaufen. So schaffst du
Raum für neue Ideen, Pläne und Träume!

Öffne
diese Seite,

wenn du etwas Gutes tun willst ...

FINDE (D)EIN HERZENSPROJEKT!

Jetzt hat ein neuer Lebensabschnitt für dich begonnen. Das ist eine gute Gelegenheit, um dich einmal zu fragen, wofür eigentlich dein Herz schlägt. Es gibt unzählige Initiativen, Vereine und Organisationen, die sich unglaublich über deine Hilfe freuen würden. Egal ob du als Leihoma oder -opa eine junge Familie unterstützen, beim Naturschutz oder in einem Reparaturcafé mithelfen oder älteren Menschen beim Einkaufen unter die Arme greifen möchtest – die Möglichkeiten sind endlos und anderen helfen macht einfach glücklich!

Glück ist ein *Wunderding.*
Je mehr man davon gibt, desto mehr hat man.

GERMAINE DE STAËL

Öffne

diese Seite,

wenn du zurück in deine Kindheit reisen möchtest ...

EINE REISE IN
DIE VERGANGENHEIT

Die Kindheit ist eine ganz besondere Zeit, auf die viele
von uns wehmütig zurückblicken. Lasse deshalb heute
mal deine schönsten Kindheitserinnerungen aufleben und
schwelge etwas in Erinnerungen – lies dein liebstes
Kinderbuch, schaue einen alten Kinderfilm, blättere durch
Fotoalben, koche etwas nach dem Rezept deiner
Großeltern oder tausche dich mit Gleichaltrigen über
die alten Zeiten aus.

Öffne

diese Seite,

wenn du etwas Zeit gebrauchen kannst ...

LANGSAM MACHT SCHNELL GLÜCKLICH!

Auch im Ruhestand zieht das Leben oft schnell vorüber und man muss sich bewusst Zeit für Schönes nehmen. Lade deshalb deine Freunde oder Nachbarn zu einem Slow-Food-Abend ein. Der Name ist hier Programm, denn es geht vor allem darum, sich Zeit zu lassen und zu genießen. Besonders gut geeignet sind dafür zum Beispiel Raclette, Fondue oder ein Grillfest mit mehreren Gängen im Sommer. Je länger ihr zum Kochen und Essen braucht, umso besser! Denn dabei kann man herrlich lachen, quatschen und schlemmen.

Das einzige Mittel, Zeit zu haben, ist, sich Zeit zu nehmen.

BERTHA ECKSTEIN-DIENER

Öffne

diese Seite,

wenn du Detektiv spielen möchtest ...

ZEIT, UM AUF SPURENSUCHE ZU GEHEN!

Die Geschichte der eigenen Familie steckt oft voller Überraschungen, deshalb ist Ahnenforschung auch so interessant. Begib dich auf die Suche nach deinen Wurzeln und finde heraus, wer deine Vorfahren waren. Ein Blick in die Vergangenheit kann unglaublich spannend sein. Dank des Internets geht das mittlerweile auch ohne großen Aufwand. Und wer weiß – vielleicht hast du ja Glück und erbst zufällig doch noch ein altes Schloss in der Bretagne oder findest ein paar entfernte Verwandte in Australien.

Öffne
diese Seite,

wenn du die Ruhe genießen willst ...

EIN MAGISCHER MORGEN

Die Morgenstimmung in der Natur ist einfach einzigartig und macht jeden unscheinbaren Tag zu einem kleinen Highlight. Packe deshalb eine Thermoskanne mit heißem Tee, Kaffee oder Kakao ein und fahre oder laufe zu einem schönen Ort deiner Wahl. Genieße ganz in Ruhe den magischen Tagesanbruch, während der Rest der Welt noch friedlich schlummert.

Ruhe zieht das Leben an,
Unruhe verscheucht es.

GOTTFRIED KELLER

Öffne
diese Seite,

wenn du ein neues Hobby suchst ...

BRIEFMARKEN, PUPPEN, TEETASSEN ...

Viele Menschen haben beeindruckende Sammlungen. Vielleicht ja auch du. Doch es ist nie zu spät, eine neue Sammlung zu starten! Damit ist aber keine Sammlung materieller Dinge gemeint, sondern eine Sammlung an kleinen und großen Erlebnissen. Suche dir ein Thema aus und notiere dir deine Sammlung in einem kleinen Notizbuch.

Hier sind ein paar Ideen:
Filme, die du im Kino gesehen hast
Eissorten, die du probiert hast
Museen, die du besucht hast
Seen, in denen du geschwommen bist
Kuchenrezepte, die du getestet hast
Wege und Touren, auf denen du gewandert bist

Öffne

diese Seite,

wenn du herzlich lachen willst …

DU HAST GUT LACHEN!

Schließlich bist du im Ruhestand. Damit dir das Lachen auch
weiterhin nicht vergeht, wird es Zeit für einen
herrlich lustigen Abend, zum Beispiel beim Kabarett, einem
lustigen Theaterstück oder einer Comedyshow.
Wenn du keine Lust hast, das Haus zu verlassen, kannst du dir
natürlich auch ein paar witzige Videos oder
deine liebste Comedyshow im Fernsehen anschauen. Und
dann: Bitte lächeln! Denn Lachfalten sind schließlich
die schönsten Falten.

*Die Seele ernährt sich von dem,
worüber sie sich freut.*

AUGUSTINUS VON HIPPO

Öffne

diese Seite,

wenn du Lust auf einen Tapetenwechsel hast ...

DIE WELT LIEGT DIR ZU FÜSSEN!

Im Ruhestand hast du unendlich viele Urlaubstage und musst dich bei deiner Planung nicht mehr von Schulferien oder Kollegen ausbremsen lassen. Das kannst du für dich nutzen! In der Nebensaison und unter der Woche sind Unterkünfte und Flug- und Zugtickets besonders günstig. Als Rentner oder Rentnerin bekommt man oft zusätzliche Vergünstigungen. Mache zum Beispiel eine Schienenkreuzfahrt und erkunde Europa mit dem Zug oder fahre einfach mal wieder spontan ans Meer.

Öffne
diese Seite,

wenn du eine kleine Pause brauchst ...

MACH MAL PAUSE!

Fehlt dir manchmal die Kaffee- oder Teepause
mit Kolleginnen und Kollegen? Dann ist es vielleicht Zeit,
dir ein eigenes kleines Ritual zu schaffen. Frage zum
Beispiel deine Nachbarn, ob sie ab und an zu einem
kleinen Kaffeeklatsch vorbeischauen möchten, oder mache
es dir einfach allein gemütlich, zünde eine Kerze an,
stelle ein paar Kekse bereit und genieße deine kleine
Kaffee- oder Teepause ganz in Ruhe.

Öffne
diese Seite,

wenn du dich auf Schatzsuche begeben willst ...

VON DER HAND
DIREKT IN DEN MUND ...

Im Frühling, Sommer und Herbst gibt es draußen in
der Natur so einige Köstlichkeiten zu entdecken!
Von Wildkräutern über Erdbeeren bis zu Pilzen – begib dich
auf eine Entdeckungsreise und pflücke und
sammle dir ein paar Leckereien. Diese kannst du
anschließend auch wunderbar verarbeiten – zum
Beispiel zu Obstkuchen, Chutney oder Marmelade. So hast du
noch lange etwas von deiner kleinen Schatzsuche!

Will man einen *traumhaften* Tag erleben,
muss man nach dem Schönen Ausschau halten.

LUCY MAUD MONTGOMERY

Öffne

diese Seite,

wenn dich die Neugier packt ...

VON A WIE ASTROPHYSIK
BIS Z WIE ZAUBERTRICKS

Der Ruhestand ist eine großartige Zeit, um ganz ohne
Druck etwas Neues zu lernen, und das macht nicht
nur Spaß, sondern hält auch geistig fit. An vielen
Hochschulen kannst du dich als Gasthörer einschreiben
und spannenden Vorlesungen lauschen. Und auch
Volkshochschulkurse bieten dir die Möglichkeit, kosten-
günstig in verschiedene Themen reinzuschnuppern.
Wer weiß, vielleicht entdeckst du dabei ja auch eine neue
Leidenschaft oder ein neues Hobby!

Öffne

diese Seite,

wenn du dich glücklich laufen willst ...

SCHNÜRE DIE WANDERSTIEFEL!

Du musst nicht gleich den Hunderte Kilometer langen Teil des Jakobswegs in Spanien laufen. In ganz Europa gibt es zahlreiche Pilgerwege – sicher auch in deiner Nähe. Das Wandern auf den Spuren von Propheten und Heiligen liegt schon lange wieder voll im Trend. Egal ob lang oder kurz – jede Pilgerreise ist ein kleines Abenteuer und kann mit oder ohne religiöse Beweggründe angetreten werden. Die Wege führen meistens an Kirchen, Klöstern und historischen Stätten vorbei. Es gibt also einiges zu entdecken!

Was ich nicht erlernt habe, das habe ich erwandert.

JOHANN WOLFGANG VON GOETHE

Öffne

diese Seite,

wenn du etwas zu erzählen hast ...

SAMMLE DEINE ERINNERUNGEN ...

Bestimmt steckt auch deine Lebensgeschichte voller Abenteuer, Umbrüche, Höhen und Tiefen und du hast viel zu erzählen. Halte diese spannenden Geschichten doch mal schriftlich für die Nachwelt fest. Wie hast du persönliche Schicksalsschläge, große Glücksmomente oder historische Ereignisse erlebt? Deine Erinnerungen musst du auch nicht in Buchform festhalten – du kannst auch einfach ein Tagebuch, einen Brief oder ein Fotoalbum mit ihnen füllen.

Öffne

diese Seite,

wenn du mal die Nacht zum Tag machen willst ...

MORGEN FRÜH KLINGELT GARANTIERT KEIN WECKER ...

Werde deshalb mal zur Nachteule! Unternimm einen
Spaziergang bei Vollmond und beobachte nachtaktive
Tiere, ziehe mit deinem Enkel- oder Nachbarskind
und ein paar Taschenlampen zu einer Nachtwanderung
los oder mache es dir draußen gemütlich und beobachte
so lange den Nachthimmel, bis du eine Sternschnuppe
entdeckst und dir etwas wünschen kannst.

Ich weiß nichts mit Sicherheit, aber der Anblick
der Sterne lässt mich *träumen.*

VINCENT VAN GOGH

Öffne
diese Seite,

wenn du die guten alten Zeiten aufleben lassen willst ...

WIEDERSEHEN MACHT FREUDE!

Vielleicht finden bei dir regelmäßig Klassen- oder Jahrgangstreffen statt. Vielleicht reden aber auch alle immer nur davon und nie tut sich etwas. Wie wäre es also, wenn du einfach mal dein eigenes Klassentreffen organisierst? Das ist eine tolle Gelegenheit, um in Erinnerungen zu schwelgen und es mal wieder so richtig krachen zu lassen wie früher!

Öffne

diese Seite,

wenn du mal durchatmen möchtest ...

IM EINKLANG MIT DER NATUR

Ein Besuch im Wald ist so gesund, dass er in Japan sogar als Medizin verordnet wird. „Waldbaden" nennen die Japanerinnen und Japaner das Prinzip. Dabei liegt man natürlich nicht in einer Badewanne zwischen den Bäumen, sondern taucht in die frische Waldluft ein. Ein Spaziergang durch den Wald lindert tatsächlich Stress und senkt sogar den Blutdruck. So schön und einfach kann Entspannung sein!

An einem schönen Tag im Schatten zu sitzen
und ins *Grüne* zu schauen,
ist die wunderbarste Erfrischung.

JANE AUSTEN

Öffne
diese Seite,

wenn du dich auf die Zukunft freust ...

60 IST DAS NEUE 40!

Jetzt ist die beste Zeit, um deine Träume wahr werden
zu lassen! Doch manchmal muss man dem eigenen Glück
etwas auf die Sprünge helfen. Nimm dir deshalb mal
Zeit und schreibe eine Bucketlist. Auf die Liste kommen alle
Dinge, die du unbedingt einmal machen willst,
für die du bisher aber noch nicht die Zeit oder den Mut
gefunden hast. Es warten so viele wunderbare Momente
auf dich – lass deine Träume wahr werden!

Öffne

diese Seite,

wenn du weitere Ideen sammeln möchtest.
Was macht dich darüber hinaus noch glücklich?

Noch mehr Glücklichmach-Momente

© 2024 arsEdition GmbH, Friedrichstr. 9, D-80801 München
Alle Rechte vorbehalten.

Bildnachweis:
Cover: Nataleana, TALVA, noidec
Motive Innenteil: S. 6/7: Hanna Tor / Shutterstock.com, S. 10: Claudia Paulussen / Shutterstock.com,
S. 14: yosuccess / Shutterstock.com, S. 18: Jan Knop / Shutterstock.com, S. 22: Olga Popova / Shutterstock.com,
S. 26/27: Andrei Armiagov / Shutterstock.com, S. 30: Stock Holm / Shutterstock.com,
S. 34: Alena Ozerova / Shutterstock.com, S. 38: Kan bokeh / Shutterstock.com, S. 42: Dulin / Shutterstock.com,
S. 46: tichr / Shutterstock.com, S. 50: freestocks / Unsplash, S. 54: Sensay / Shutterstock.com,
S. 58/59: duangnapa_b / Shutterstock.com, S. 62: Chris Czermak / Unsplash, S. 66: gerd-harder / Shutterstock.com,
S. 70: Tymonko Galyna / Shutterstock.com, S. 74/75: Elena Shashkina / Shutterstock.com,
S. 78: BRUI IRYNA / Shutterstock.com, S. 82: Kittyfly / Shutterstock.com, S. 86/87: muh23 / Shutterstock.com,
S. 90/91: JeniFoto / Shutterstock.com, S. 94/95: Flaffy / Shutterstock.com, S. 98: ThomBal / Shutterstock.com,
S. 102: Anna Nahabed / Shutterstock.com, S. 106/107, 114: encierro / Shutterstock.com, S. 110: Jade Stephens / Unsplash,
S. 118/119: jakkaje879 / Shutterstock.com, S. 122/123: Andrey Prokhorov / Shutterstock.com,
S. 126: Marina April / Shutterstock.com, S. 130: blew_s / Shutterstock.com, S. 134/135: JØN / Unsplash;
Hintergrundstruktur: noidec / Shutterstock.com

Gestaltung Cover: Grafisches Atelier, arsEdition GmbH
Innenlayout: Stefanie Wawer

ISBN 978-3-8458-5782-4

Wir behalten uns die Nutzung unserer
Inhalte für Text und Data Mining im Sinne
von § 44b UrhG ausdrücklich vor.

www.arsedition.de